Zaubereien
mit Luftballons

Linda Perina

Inhalt

Die Figuren wurden von Nicola Suman realisiert.

Sculture di palloncini © Demetra S.r.l., Colognola ai Colli (VR), Italia
Deutsche Ausgabe © frechverlag GmbH & Co. Druck KG, Stuttgart, Germany

Auflage:	5.	4.	3.	2.	1.	Letzte Zahlen
Jahr:	2004	2003	2002	2001	2000	maßgebend

© 2000

frechverlag GmbH + Co. Druck KG, 70499 Stuttgart

ISBN 3-7724-2694-8 · Best.-Nr. 2694   Druck: Demetra S.r.l., Italien

Viel Fantasie, etwas Geschick –
und schon werden aus ein-
fachen Luftballons Hunde,
Kaninchen, Bären, ein Schirm
und viele andere faszinierende
Figuren!

Hol' dir die richtigen Luftballons,
die du im Fachhandel findest, sowie eine Luft-
pumpe und baue aufmerksam nach, was dir
in diesem Buch schrittweise vorgeführt wird.

Manchmal platzt ein Luftballon, doch hier-
durch entsteht nur ein großer Knall, aber
kein Schaden – soviel ist sicher.
Du musst halt mit Geduld beginnen.

Aufblasen

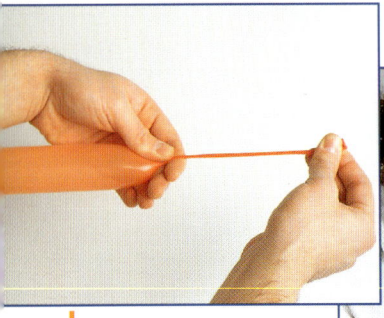 

1. Damit sich der Luftballon leichter aufblasen lässt, solltest du ihn vor dem Aufblasen durch Ziehen etwas dehnen.

2. Wenn du kräftige Lungen hast, versuche den Luftballon mit dem Mund aufzublasen.

3. Ich rate dir jedoch, stets eine Pumpe zu verwenden. Mit ihr geht es leichter.

Verknoten

Es gibt viele Methoden, einen Luftballon zu verknoten; die Abbildungen zeigen die zwei einfachsten: den Ösenknoten und den Schneiderknoten.

ÖSEN-KNOTEN

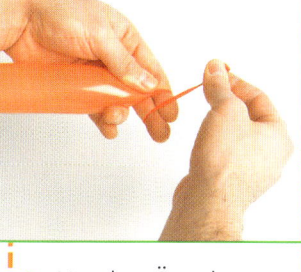

1. Um den Ösenknoten herzustellen, musst du das Ende des Luftballons um den Mittelfinger und den Zeigefinger der linken Hand wickeln.

2. Ziehe die auf diese Weise hergestellte Öse mit dem Daumen und dem Mittelfinger der linken Hand auseinander und schiebe das Ende mit dem Zeigefinger hinein.

3. Dann packst du das Ende mit dem Daumen und dem Zeigefinger der linken Hand auf der anderen Seite und ziehst an. Schon ist der Knoten fertig.

SCHNEIDERKNOTEN

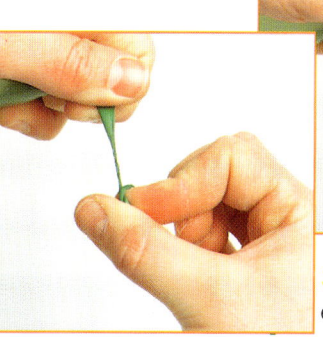

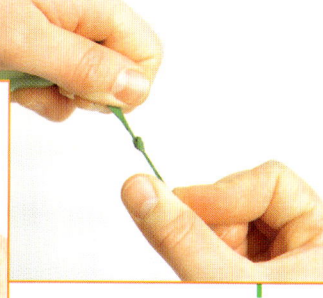

1. Um den Schneiderknoten herzustellen, musst du das Ende des Luftballons um den Zeigefinger wickeln.

2. Drücke mit dem Daumen gegen das aufgewickelte Ende, um es vom Finger abzurollen.

3. Auf diese Weise entsteht eine Öse, die Verdickung rutscht nach innen und bildet den Knoten.

Basisverdrehung

Dies ist die meistverwendete Verdrehung. Vergiss nicht, dabei die erste Blase festzuhalten, während du die anderen bildest, ansonsten rollt sie sich auf.

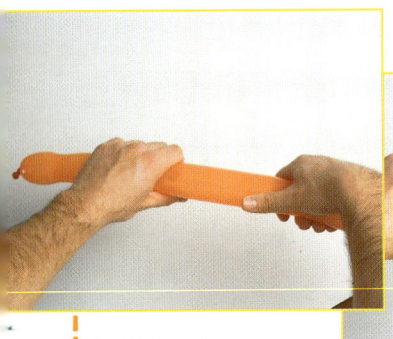

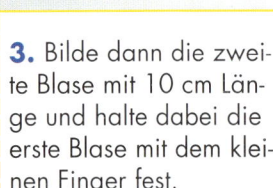

1. Bilde die ersten Blase mit einer Länge von 10 cm.

2. Halte den Luftballon mit der linken Hand und führe mit der rechten Hand vier Umdrehungen aus.

3. Bilde dann die zweite Blase mit 10 cm Länge und halte dabei die erste Blase mit dem kleinen Finger fest.

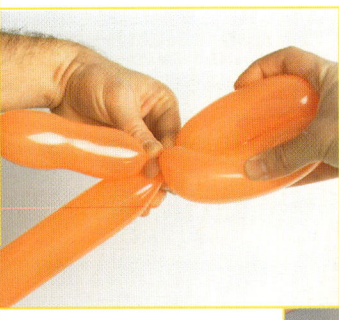

4. Bilde nun die dritte Blase und klappe sie auf die zweite Blase herab, wobei du den Luftballon mit der linken Hand hältst.

5. Mit der rechten Hand packst du anschließend die beiden Blasen und führst die Verdrehung aus.

6. Die auf diese Weise durchgeführte Basisverdrehung sieht so aus.

Schnelle Basisverdrehung

Die Basisverdrehung kann auch schneller ausgeführt werden, indem einige Phasen weggelassen werden.

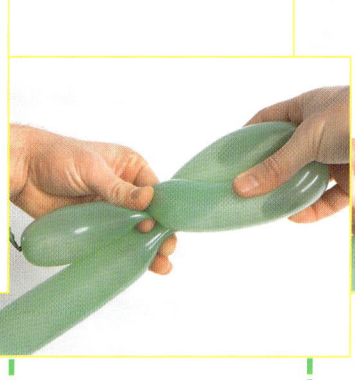

1. Bilde eine Blase mit 20 cm Länge. Knicke sie wie abgebildet um.

2. Nimm die beiden Teile mit der rechten Hand und führe in der Mitte eine Verdrehung aus.

3. Wie du siehst, ist das Ergebnis dasselbe wie bei der langsamen Basisverdrehung.

Ringverdrehung

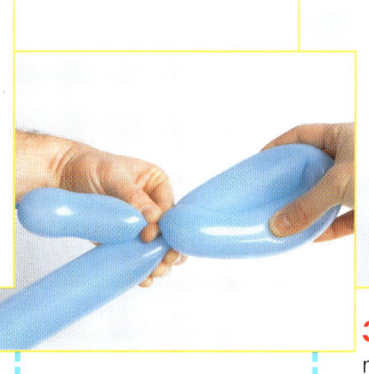

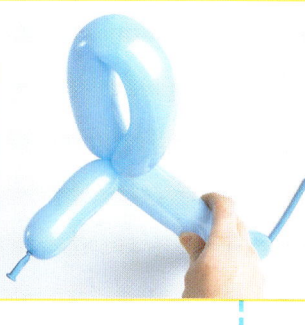

1. Bilde eine erste Blase mit 8 cm Länge.

2. Bilde eine zweite Blase mit 16 cm und biege sie so, dass ein Ring entsteht.

3. Packe sie dann mit der linken Hand und verdrehe sie mit der rechten Hand viermal.

Ohrverdrehung

Diese Verdrehung heißt so, weil mit ihr die Ohren der Tiere gebildet werden.
Darüber hinaus ermöglicht sie es auch, Blasen anzubohren, ohne dass die Luft
aus dem Luftballon entweicht.

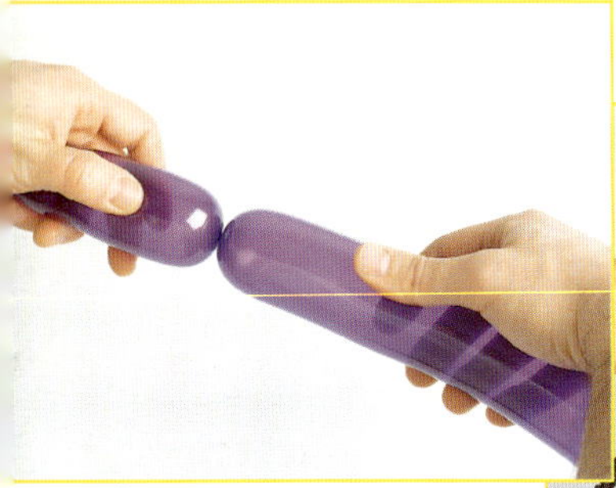

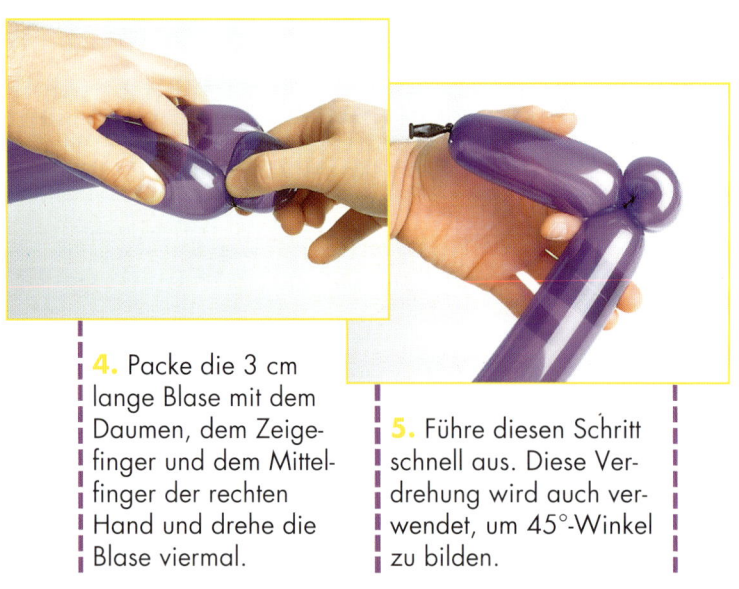

1. Bilde eine erste
Blase mit 8 cm Länge.

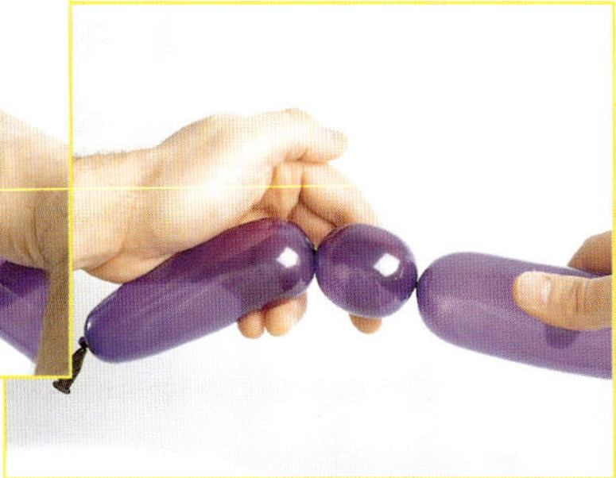

2. Dann eine Blase mit
3 cm Länge.

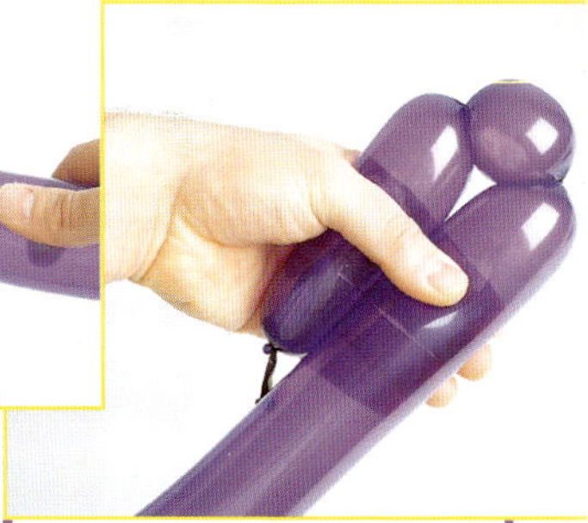

3. Knicke den Luftballon
wie abgebildet ab.

4. Packe die 3 cm
lange Blase mit dem
Daumen, dem Zeige-
finger und dem Mittel-
finger der rechten
Hand und drehe die
Blase viermal.

5. Führe diesen Schritt
schnell aus. Diese Ver-
drehung wird auch ver-
wendet, um 45°-Winkel
zu bilden.

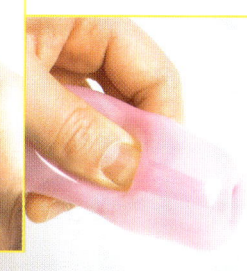

1. Lege den Zeige-
finger der rechten
Hand auf den Knoten
des Luftballons.

2. Schiebe den Zeige-
finger in den Luftballon
hinein.

3. Pack den Knoten mit
der linken Hand und
ziehe den Zeigefinger
wieder heraus.

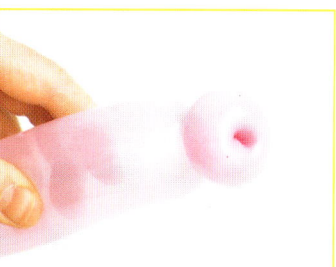

4. Führe eine Ver-
drehung mit der rechten
Hand aus und blockiere
dadurch den Knoten.

5. Nun sieht der
Luftballon aus wie ein
Apfel.

Wichtige Hinweise

Kaufe nur so viele Luft-
ballons, wie du jeweils
benötigst, da sie nach
einiger Zeit ihre Elasti-
zität verlieren.

Deine Fingernägel soll-
ten immer gut gepflegt
und die Hände sollten
nicht rissig sein. Trage
keine Ringe und passe
an Scharnieren oder
rauen Oberflächen auf.

Bei Kälte werden die
Luftballons hart; bewah-
re sie deshalb in wohl-
temperierter Umgebung
auf. Wenn du die Kunst-
stücke im Freien auf-
führst, dann solltest du
die Luftballons in den
Innentaschen der Klei-
dung aufbewahren.

Damit sich niemand er-
schrickt, wenn ein Luft-
ballon plötzlich platzt,
solltest du dein Kunst-
stück in einer gewissen
Entfernung von den
Zuschauern vorführen.

Lasse das Ende des Luft-
ballons unaufgeblasen,
damit der Luftballon
nicht platzt, wenn das
Werk halb vollendet ist.
Dieses schlaffe Ende
verschwindet dann
beim weiteren Formen
der Figur von alleine.

Wenn du für ein Fest
viele Luftballonfiguren
formen musst, dann
wähle möglichst einfa-
che Figuren, damit jeder
eine bekommt; wenn
du dagegen deine Ge-
schicklichkeit vor einem
Publikum, möglicher-
weise Erwachsenen,
unter Beweis stellen
möchtest, dann emp-
fiehlt es sich, schwierige
Figuren zu realisieren,
für die du am Ende
sicherlich einen dicken
Applaus bekommen
wirst.

Die Luftballons sind je
nach Farben unter-
schiedlich fest. Probiere
die verschiedenen Pro-
dukte aus und prüfe,
welche Farbe je nach
dem Schwierigkeitsgrad
der Figur am besten zu
verwenden ist.
Auf diese Weise ver-
meidest du, dass ein
Luftballon platzt, wenn
dein Werk kurz vor der
Vollendung steht.

Kaninchen

1. Blase einen Luftballon auf und lasse ein 8 cm langes Ende. Dann knotest du ihn ab.

2. Schnauze
Bilde eine Blase mit 6 cm Länge.

3. Ohren
Bilde zuerst ein Ohr mit einer 15 cm langen Blase.

4. Um das zweite Ohr zu bilden, knickst du den Luftballon und führst auf der Höhe der ersten Verdrehung eine zweite Verdrehung aus.

5. Hals
Bilde eine Blase mit 6 cm Länge.

6. Vorderbeine
Bilde zuerst ein Vorderbein mit einer 8 cm langen Blase. Dann knickst du den Luftballon und machst auf der Höhe der ersten Verdrehung eine zweite Verdrehung.

7. Rücke die Hinter-
beine mit den Händen
zurecht.

8. Körper
Bilde eine Blase mit
8 cm Länge.

9. Hinterbeine
Mache eine Ringverdre-
hung, so dass eine
Blase mit einem Umfang
von 35 cm entsteht.

10.

11.

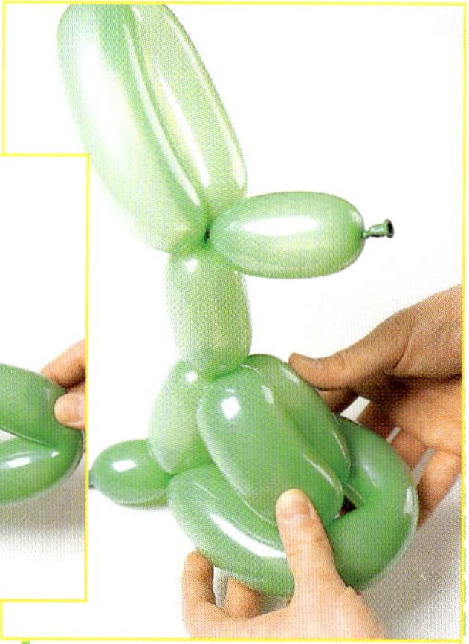

12. Dann schiebe die
Vorderbeine in den
darunterliegenden Ring.

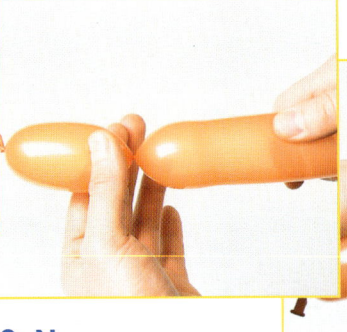

1. Blase einen Luftballon auf und lasse ein 10 cm langes Ende. Dann knotest du ihn ab.

2. Nase
Bilde eine Blase mit 6 cm Länge.

3. Ohren
Realisiere zuerst ein Ohr mit einer 8 cm langen Blase.

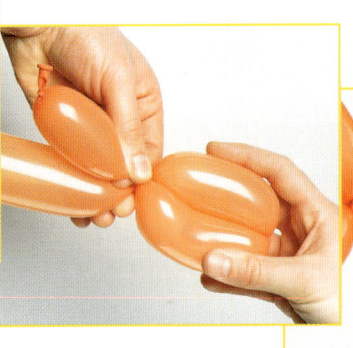

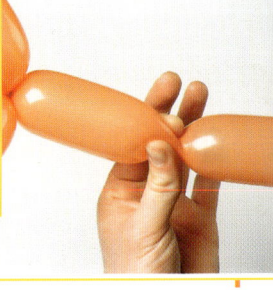

4. Beim zweiten Ohr knickst du den Luftballon, so dass er neben dem ersten Ohr liegt, und führst auf der Höhe der ersten Verdrehung eine zweite Verdrehung aus.

5.

6. Hals
Bilde eine Blase mit 8 cm Länge.

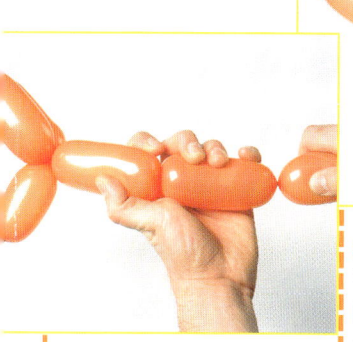

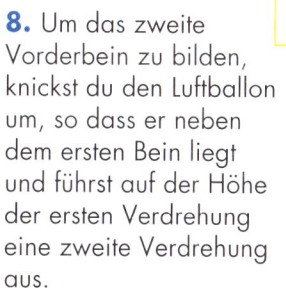

8. Um das zweite Vorderbein zu bilden, knickst du den Luftballon um, so dass er neben dem ersten Bein liegt und führst auf der Höhe der ersten Verdrehung eine zweite Verdrehung aus.

9. Körper

Bilde eine Blase mit 15 cm Länge.

7. Vorderbeine

Bilde zuerst ein Vorderbein mit einer 6 cm langen Blase.

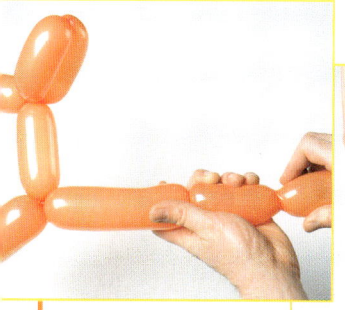

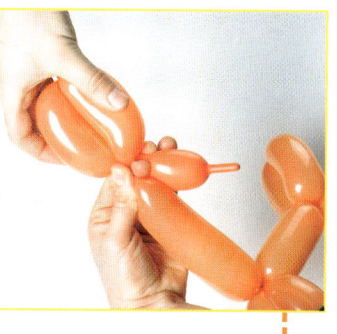

10. Hinterbeine

Bilde zuerst ein Hinterbein mit einer 6 cm langen Blase. Dann knicke den Luftballon um und mache eine zweite Verdrehung, die genauso lang ist wie die erste.

11. Drehe abschließend die Beine nach unten und den Schwanz nach oben.

Abbildung Dackel siehe auch Seite 1

1. Blase einen Luft-
ballon auf und lasse
ein 8 cm langes Ende.
Dann knotest du ihn ab.
Bilde eine kleine Blase
mit 3 cm Länge.

2. Führe eine Ringverdrehung aus, so dass
eine Blase mit 60 cm
Länge entsteht. Führe
dabei mindestens 3-4
Umdrehungen durch.

3.

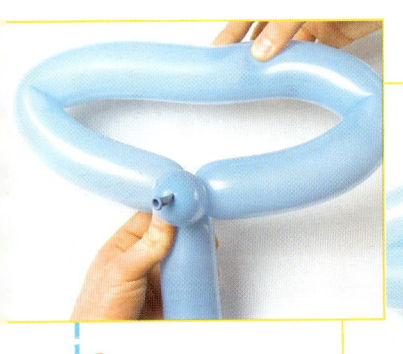

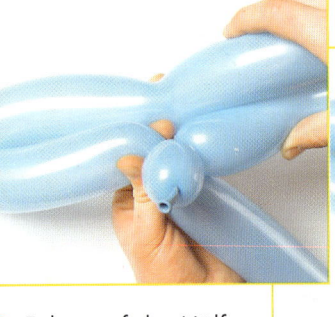

4.

5. Führe auf der Hälfte
des Rings eine weitere
Ringverdrehung aus, so
dass zwei gleich große
Ringe entstehen.

6.

(weiter auf Seite 18)

Schwan

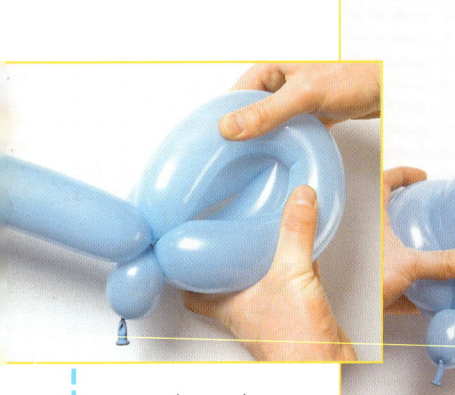

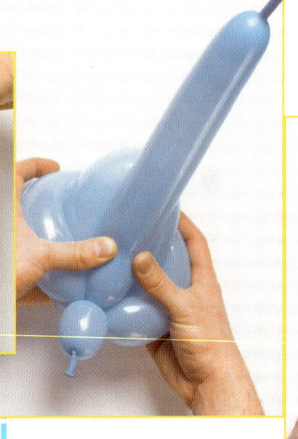

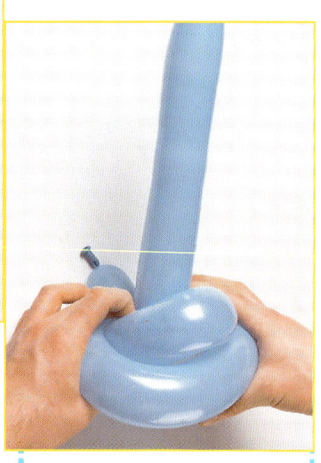

7. Um den Schwanz zu bilden, muss ein Ring in den anderen gesteckt werden.

8. Mit beiden Daumen wird der Hals nach hinten in den mittleren Ring gedrückt.

9.

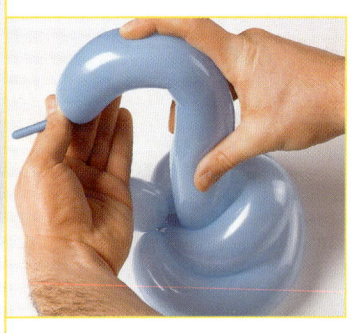

10.

11. Um dem Hals die typische Biegung zu verleihen, musst du ihn dauerhaft nach unten biegen. Dazu musst du ihn fest mit der Hand um- fassen und ihn ca. 10 Sekunden lang in dieser Stellung halten. Dann kannst du ihn loslassen und modellieren.

1. Blase einen Luft-
ballon auf und lasse
ein 10 cm langes
Ende. Dann knotest
du ihn ab.

3.

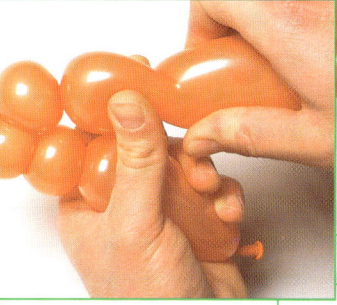

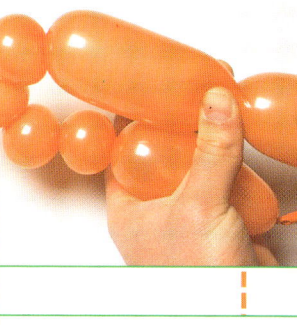

Schnabel
Bilde eine Blase mit
8 cm Länge.

2. Schopf
Mache vier gleiche
Blasen (3 cm). Halte
sie mit dem kleinen
Finger fest, damit sie
sich nicht aufrollen.

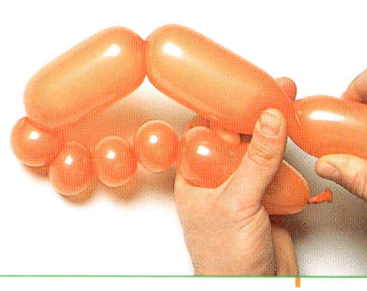

4. Gesicht
Mache zwei Blasen
mit 8 cm Länge, die
den beiden seitlichen
Teilen des Gesichts
entsprechen.

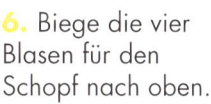

5. Mache eine Ver-
drehung und verbin-
de die beiden Blasen,
die das Gesicht dar-
stellen.

6. Biege die vier
Blasen für den
Schopf nach oben.

7. Wickle sie um
den Kopf herum.

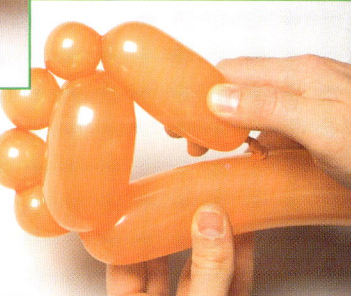

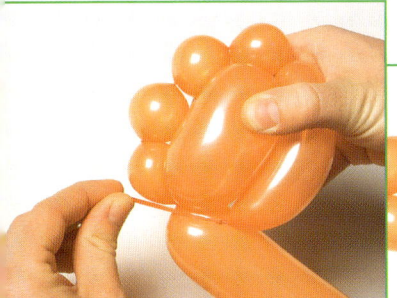

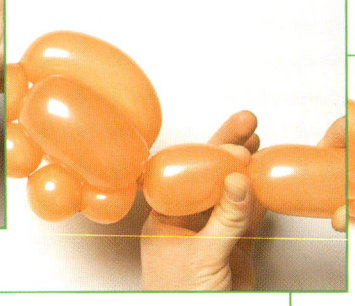

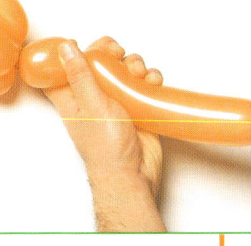

8. Abschließend wird unten am Kopf verknotet.

9. Hals
Bilde eine Blase mit 4 cm Länge.

10. Körper
Bilde eine Blase mit 15 cm Länge.

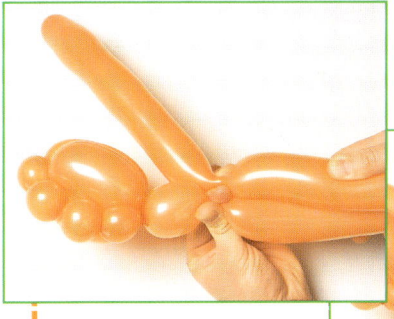

11. Realisiere dann den anderen Teil des Körpers, indem du eine Blase bildest, die genauso groß ist wie die vorhergehende Blase. Verbinde die Blasen mit einer Verdrehung.

Beine
Realisiere zwei kleine Blasen mit 3 cm, indem du den unteren Teil des Körpers verdrehst.

12. Schiebe den Schwanz in den Körper.

Papagei

Frosch

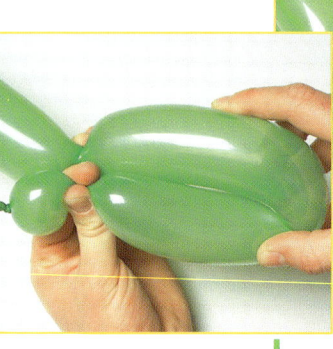

1. Blase einen Luft-
ballon auf und lasse
ein 10 cm langes Ende.
Dann knotest du ihn ab.
Mache eine erste Blase
mit 3 cm Länge, die
sich hinter dem Kopf
befindet.

2. Maul
Führe eine Ringverdre-
hung mit einem Umfang
von 25 cm aus.

3. Augen
Realisiere zuerst
eine Blase mit 6 cm Län-
ge. Knicke dann den
Luftballon und mache
eine Verdrehung, damit
eine ebenso lange Blase
entsteht.

4. Führe anschlie-
ßend die beiden
Augen in den Ring,
der den Mund dar-
stellt, ein.

5. + 6. Dabei dür-
fen die Augen nicht
ganz herausschauen,
sondern müssen leicht
zurückgerückt sein.

Modelliere sie mit
den Händen.

(weiter auf Seite 24)

Frosch

8. Vorderbeine
Bilde eine Blase mit 8 cm Länge. Dann knickst du den Luftballon und machst eine Verdrehung, so dass ein zweites, gleich langes Bein entsteht.

7. So sieht der Kopf nach dem Modellieren aus.

9. Körper
Bilde eine Blase mit 6 cm Länge.

10. Hinterbeine
Mache eine Ringverdrehung, so dass im hinteren Bereich des Luftballons eine kleine Blase mit 3 cm Länge entsteht.

11. Stecke die Vorderbeine in den darunterliegenden Ring ein.

1. Blase einen Luft-
ballon auf und lasse
ein 20 cm langes Ende.
Dann knotest du ihn ab.

2. Schnauze
Bilde eine Blase mit
4 cm Länge.

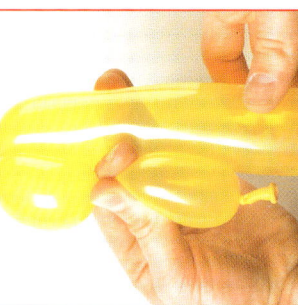

3. Ohren
Bilde zuerst ein Ohr
mit einer 4 cm langen
Blase.

4. Um das zweite
Ohr zu bilden,
knickst du den Luftballon
und führst auf der Höhe
der ersten Verdrehung
eine zweite Verdrehung
aus.

5. Hals
Bilde eine Blase mit
4 cm Länge.

6. Vorderbeine
Bilde zuerst ein Vorder-
bein mit einer 4 cm lan-
gen Blase.

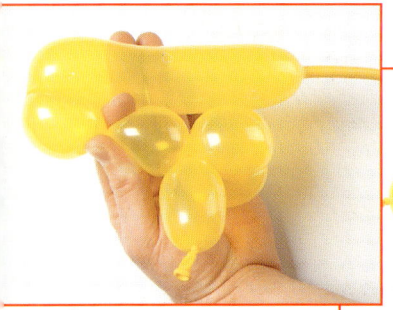

7. Dann knickst du den Luftballon und machst auf der Höhe der ersten Verdrehung eine zweite Verdrehung.

8. Körper
Bilde eine Blase mit 4 cm Länge.

9. Hinterbeine
Bilde zuerst ein Hinterbein mit einer 4 cm langen Blase.

10.

11. Dann knicke den Luftballon um und mache an der entsprechenden Stelle eine zweite Verdrehung.

12. Drehe abschließend die Beine nach unten und den Schwanz nach oben.

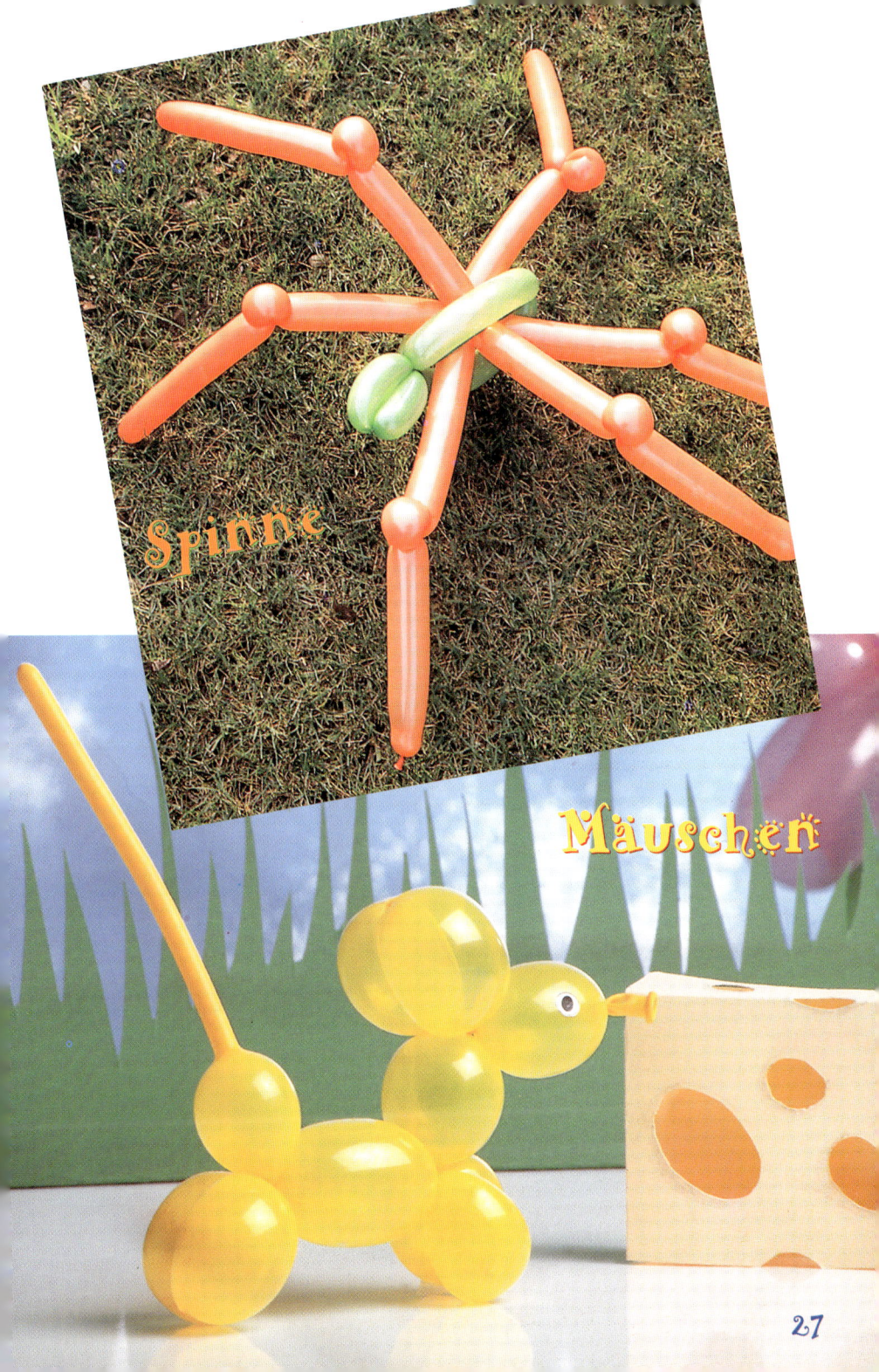

Spinne

Mäuschen

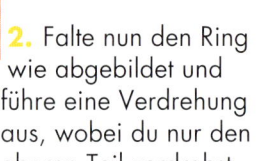

2. Falte nun den Ring wie abgebildet und führe eine Verdrehung aus, wobei du nur den oberen Teil verdrehst.

1. Körper
Blase einen Luftballon auf und lasse ein 2 cm langes Ende.
Dann knotest du ihn ab.

3. Führe eine Ringverdrehung aus, so dass sich ein Oval ergibt, das 7 cm größer ist als das andere Oval.

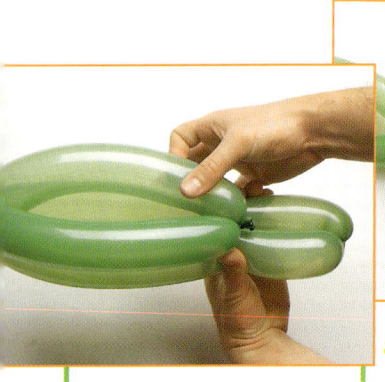

5.

4. Klappe den kleineren Ring auf den größeren Ring um, warte kurz und bilde dann mit einer Verdrehung den Kopf.

6. Führe die beiden gleichen Ringe zusammen und fixiere sie, indem du den Kopf um 360° nach innen drehst.

7. Nun ist der Körper fertig.

8. Beine
Blase drei Luftballons mit derselben Farbe und Länge auf. Lege sie aneinander und führe eine Verdrehung in der Mitte durch.

9. Schiebe die Beine in den Körper hinein.

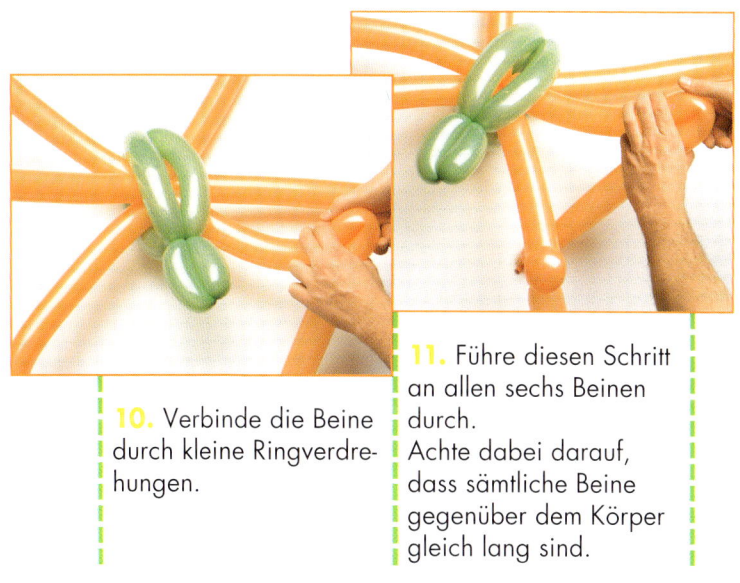

10. Verbinde die Beine durch kleine Ringverdrehungen.

11. Führe diesen Schritt an allen sechs Beinen durch.
Achte dabei darauf, dass sämtliche Beine gegenüber dem Körper gleich lang sind.

Bärchen

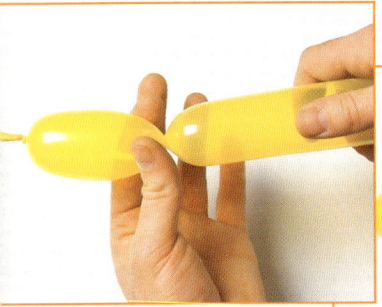

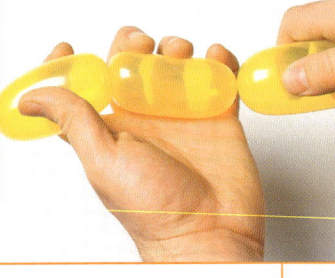

1. Blase einen Luftballon auf und lasse ein 12 cm langes Ende. Dann knotest du ihn ab.

Schnauze
Bilde eine Blase mit 5 cm Länge.

2. Wange
Mache eine Blase mit 4 cm Länge.

3. Ohr
Bilde eine Blase mit 3 cm Länge.

4. Stirn
Realisiere eine Blase mit 4 cm Länge.

5. Ohr
Bilde eine Blase mit 3 cm Länge.

6. Wange
Mache eine Blase mit 4 cm Länge.

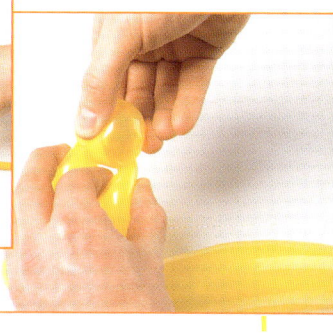

7. Mache eine Ver-
drehung, mit der du
die letzten fünf Blasen
unter der Schnauze
verschließt.

8. So sieht die Figur
nach der Verdrehung
aus.

9. Die Ohren sehen
ganz besonders echt
aus, wenn du
eine Ohrenverdrehung
machst.

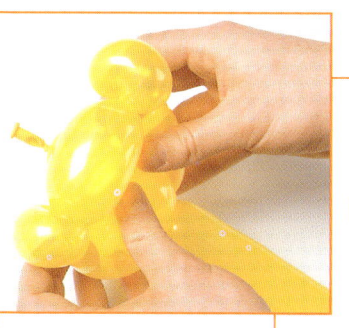

10.

11. Drücke mit den
Fingern die Schnauze
ins Innere des Kopfes,
bis die Schnauze zwi-
schen den Unterkiefer-
hälften festklemmt.

12.

13. Hals
Bilde eine Blase mit
4 cm Länge.

14. Arme
Die Arme werden durch
zwei Ringverdrehungen
mit 6 cm Länge gebildet.

15. Bauch
Realisiere eine Blase mit
4 cm Länge.

16.

17. Hinterbeine
Mach zwei Ringverdre-
hungen mit 6 cm. For-
me die Beine und das
Schwänzchen mit einer
3 cm langen Blase am
Ende des Luftballons.

Bärchen mit Tulpe

1. Blase den Luftballon nur 8 cm lang auf, so dass ein sehr langes Ende verbleibt.

2. Drücke den Knoten mit dem Zeigefinger in den Luftballon hinein.

3. Packe den Knoten mit der linken Hand.

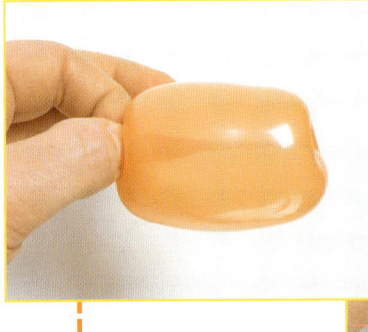

4. Ziehe den Zeigefinger heraus und verdrehe den Luftballon, so dass der Knoten blockiert wird.

5. Stecke die Blume zwischen die Arme des sympathischen Bärchens.

Schwert

3. Packe die Mitte des „M" mit einer Hand und führe mit der anderen Hand die Verdrehung durch.

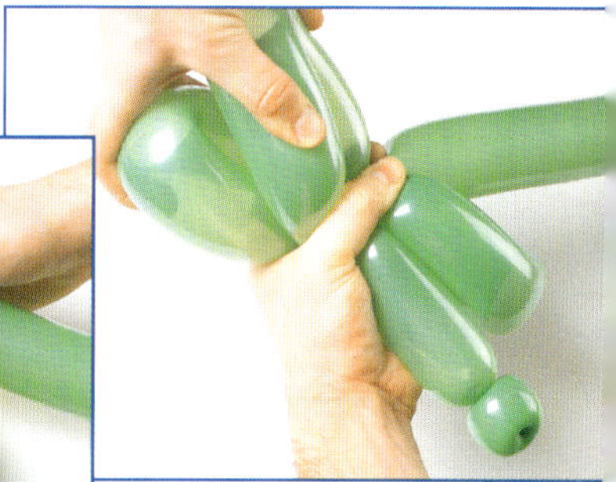

1. Blase einen Luftballon auf und lasse ein Ende mit 2 cm Länge. Knote ihn ab. Führe eine Apfelverdrehung mit 4 cm Länge durch.

2. Bilde ein „M", indem du eine Serpentine formst.

4. Mit dieser Methode kannst du schnell drei Ringverdrehungen durchführen. Wenn dir das nicht gelingt, kannst du sie auch einzeln durchführen. Das Ergebnis ist dasselbe.

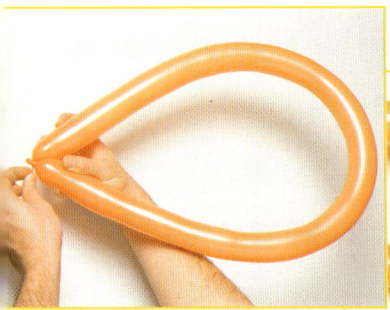 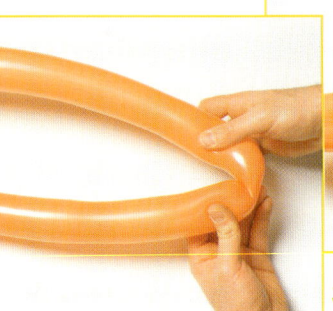 

1. Blase einen Luftballon auf und lasse ein 2 cm langes Ende. Fülle ihn nicht zu sehr mit Luft, um zu vermeiden, dass er während des Modellierens platzt. Dann verknotest du beide Enden zu einem Ring.

2. Blütenblätter

Unterteile den Ring in zwei gleiche Teile, wobei du nur den oberen Teil verdrehst.

3. Schau dir den Luftballon gut an und stell ihn dir in drei gleiche Teile unterteilt vor.

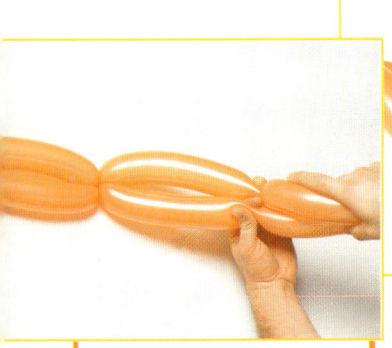 

4. Dann führst du zwei Verdrehungen aus, mit denen die beiden Hälften in drei gleiche Teile unterteilt werden.

5. Lege die Teile, die sich aus dem vorhergehenden Schritt ergeben, nun so aneinander, dass ein „S" gebildet wird.

6. Dehne die drei Ringe, indem du an den Verdrehungspunkten anziehst.

(weiter auf Seite 38)

Gänse-
blümchen

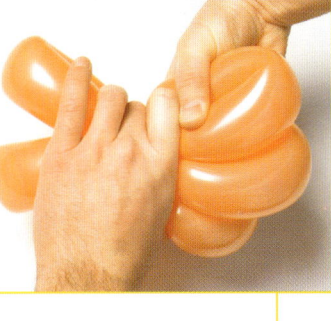

7. Drücke die Enden flach und lege die Figur auf eine Hand.

8. Packe mit der anderen Hand drei Blütenblätter und führe schnell eine Verdrehung aus.

9. Modelliere die Blütenblätter so, dass sie im Kreis angeordnet sind.

12.

10. Stängel

Blase einen grünen Luftballon auf und lasse ein Ende mit 8 cm Länge. Den Mittelpunkt der Blume bildest du mit einer Blase, wobei du mit dem Mund das andere Ende des Luftballons leersaugst. Damit keine Luft aus der Blase austritt, musst du dabei mit den Händen am leergesaugten Teil ziehen.

11. Stecke den Mittelpunkt der Blume zwischen den Blütenblättern hindurch.

12. + 13. Die Blätter realisierst du mittels zweier Ringverdrehungen. Befestige sie seitlich am Stängel. Du kannst auch mehr Blätter machen.

13.

2. Erstes Vögelchen

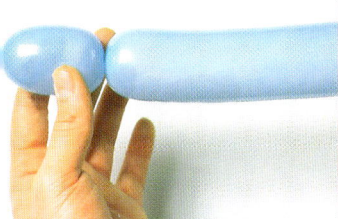 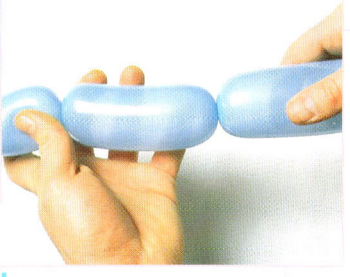 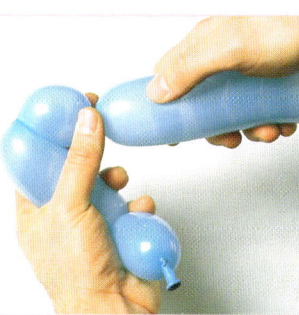

1. Blase einen Luftballon auf und lasse ein 5 cm langes Ende. Dann knotest du ihn ab.

Bilde eine Blase mit 4 cm Länge, die zum Schwanz wird. Dann machst du eine 8 cm lange Blase für den Körper.

3. Nun entsteht mit einer 3 cm langen Blase der Kopf.

5. Zweites Vögelchen

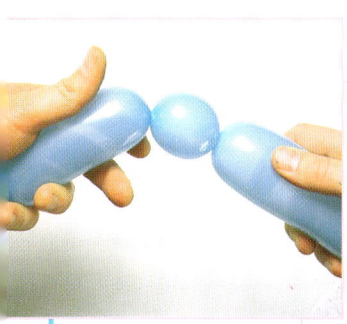 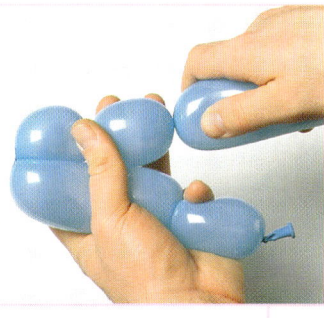 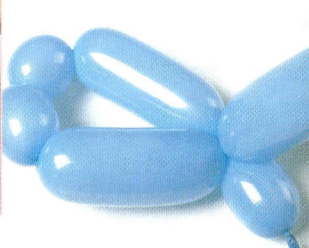

4.

Bilde eine Blase mit 3 cm Länge für den Kopf und eine 8 cm lange Blase für den Körper.

6. Lehne die beiden Körper aneinander und verbinde sie durch eine Verdrehung.

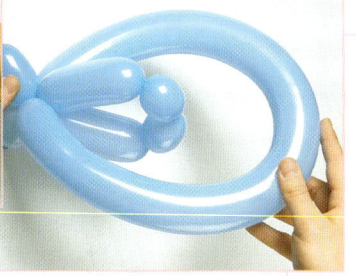

7. Der Schwanz des zweiten Vögelchens wird mit einer 4 cm langen Blase gebildet. Danach werden die beiden Schwänze mit einer Ringverdrehung fest verbunden.

8. Setze die beiden Vögelchen in den Ring.

9.

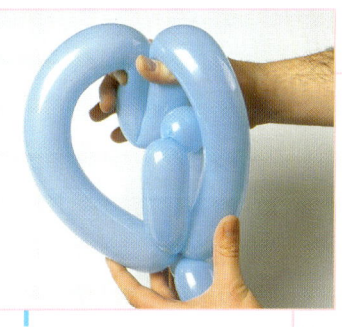

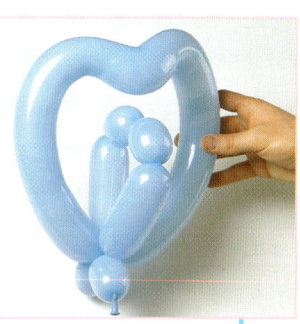

10. Damit der Ring zu einem Herz wird, musst du den oberen Teil mit der Hand zusammendrücken und ihn 15 Sekunden lang in dieser Stellung halten.

11. Jetzt loslassen. Die Figur ist fertig.

Täubchen

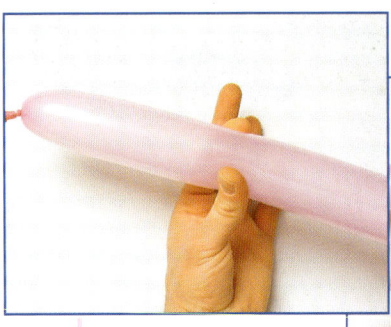

1. Blase einen Luft-
ballon auf und lasse
ein 7 cm langes Ende.
Dann knotest du ihn
ab.

Körper
Bilde eine Blase mit
12 cm Länge.

2. Flügel
Führe zwei Ring-
verdrehungen mit
35 cm aus.

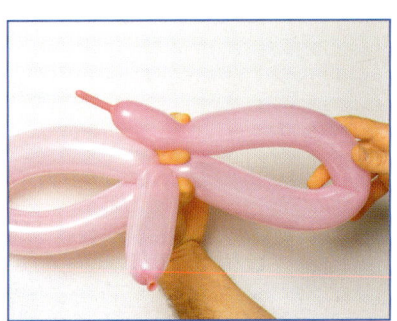

3. Biege den Hals,
indem du ihn mit den
Händen modellierst.

Schmetterling
& Kolibri

43

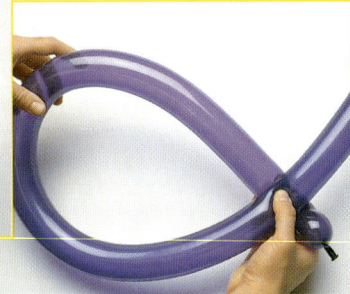

1. Blase einen Luftballon auf und lasse ein 7 cm langes Ende. Dann knotest du ihn ab.

Körper
Bilde eine Blase mit 7 cm Länge.

2. Mache eine Ringverdrehung und lasse am Ende eine Blase mit 20 cm Länge, die für Hals und Kopf bestimmt ist.

3. Drücke den entstandenen Ring in der Mitte zusammen und führe eine weitere Ringverdrehung durch.

4. Modelliere die Oberflügel mit den Händen.

5. Blase einen weiteren Luftballon mit einer an-

deren Farbe auf und lasse ein 2 cm langes Ende. Dann knotest du ihn an beiden Enden ab.

6. Die Unterflügel realisierst du, indem du in der Mitte des Rings eine Ringverdrehung ausführst.

7. Führe am unteren Teil des Flügels eine kleine Ringverdrehung durch und wiederhole diesen Schritt auch auf der gegenüberliegenden Seite.

8. Baue die Figur zusammen, indem du die violetten Flügel zwischen die gelben Flügel hinein schiebst.

9. Biege den Kopf nach oben.

10. Den Mittelteil des Körpers erhältst du, indem du eine Blase mit 4 cm Länge bildest und eine Ohrverdrehung ausführst.

11. Biege den Kopf und den Unterleib in die richtige Stellung.

12. Die Flatterbewegung kannst du simulieren, indem du die gelben Flügel in die violetten

Flügel einschiebst und das Ganze mit den Händen modellierst.

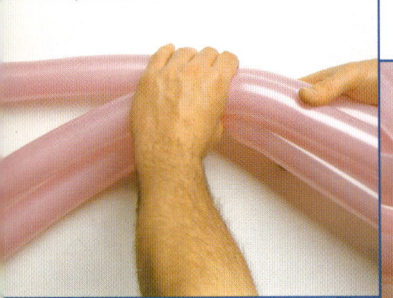 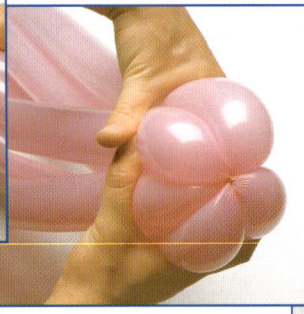 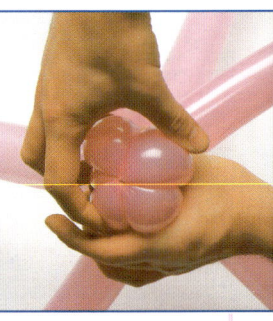

1. Blase drei Luftballons vollständig auf, so dass sie dieselbe Länge haben. Verknote sie, füge sie zusammen und teile sie durch eine Verdrehung in zwei Hälften.

2. Verbinde die sechs Teile in einer Hand.

3. Führe eine Verdrehung aus, so dass an der Spitze des Schirms sechs gleich große Blasen entstehen.

4. Realisiere am Ende der Streben eine Blase mit 3 cm.

5. Mit einer Verdrehung unterteilst du die Streben in zwei gleich große Teile. Hake dich mit einer 3 cm großen Blase im Zentrum der zweiten Strebe ein (Abbildung 5). Auf diese Weise bildest du den Umfang des Schirms. Wiederhole diesen Schritt fünfmal. Der sechste Teil stellt dann den Stiel des Schirms dar. Bilde den Griff, indem du den Endteil krümmst.

Schirm

Im frechverlag sind viele bunte Bastel- bücher erschienen. Hier eine Auswahl:

TOPP 2391

TOPP 2687

TOPP 2538

TOPP 2617

TOPP 2622

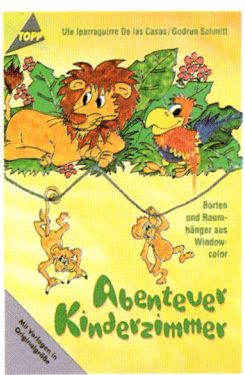

TOPP 2623

TOPP 2439

TOPP 2447

TOPP 2486